Gereimtes und Ungereimtes
aus
Dänischenhagen

*Bibliografische Information der Deutschen Nationalbibliothek:
Die Deutsche Nationalbibliothek verzeichnet diese Publikation
in der Deutschen Nationalbibliografie; detaillierte bibliografische
Daten sind im Internet über http://dnb.dnb.de abrufbar.*

© 2016 Bärbel und Uwe Carstens

Herstellung und Verlag:
BoD - Books on Demand, Norderstedt.

ISBN 978-3-7412-8907-1

Gereimtes und Ungereimtes
aus
Dänischenhagen

Uwe Carstens

Illustration: Bärbel Carstens

Dänischenhagen 2016

Inhalt

Vorwort	7
Uns to Hus	9
Ein kleines Dorf	10
Dänischenhagen	11
Im Christianshagener Weg	25
Der MTV	29
Feuerwehr Dänischenhagen	31
Nebel	34
Der Abend	35
Pokémon	38
Kleingartenverein	39
Landfrauen	41
DRK	43
Bohnen	45
Für Hans Olde	49
Muko Cup Lied	53
Die Dän'schenhagener Mühlen	55
Rentner: Abgebrannt im Ruhestand	56
Eine Geistergeschichte aus Dänischenhagen	59
Adolf Brütt und die Grabstele von Hans Olde	65
Die Brackwasserbraut	68
Alles Märchen	71
Die Skatspieler	75
Geisterstunde	77
Schön ist's in Dänischenhagen	79
Epilog	80

Vorwort

Warum Gedichte über Dänischenhagen? Eine möglicherweise interessante Frage. Eine Antwort könnte sein: Warum nicht! So leicht will ich es mir aber nicht machen. Also schwieriger: Ich habe schon „immer" – also bis heute, wann immer Sie dies lesen – Texte verfasst. Dabei stand und steht mir die Lyrik besonders nah, obwohl ich die Lyra gar nicht spielen kann. Vielleicht hat es damit etwas zu tun, dass ich als Wissenschaftler in den Texten kluger Leute den Reim vermisst habe, beziehungsweise mir manchmal keinen Reim darauf machen konnte. Ich will damit sagen, ich weiß es nicht. Und warum Dänischenhagen als Schwerpunkt? Nehmen Sie mir es nicht übel, aber ich habe mich entschlossen, dass dies eine dumme Frage ist. Na, weil ich hier mit meiner Familie wohne, lebe, Freunde und Bekannte habe und eben texte. Außerdem ist dies doch ein wunderschöner Ort, na klar, auch mit Fehlern und Macken, aber welcher Ort ist schon perfekt – also, ich lebe gerne hier. Falls Sie immer noch die Texte lesen wollen, bitte ich Sie darum, nicht zu streng mit mir zu sein. Mir hat es einfach Spaß gemacht und warum sollten Sie nicht einfach daran teilhaben. Noch einen letzten Satz gerade heraus, also in Prosa: Das Büchlein wird zum Selbstkostenpreis verkauft. Kein Verlag auf dieser Welt hätte es gedruckt („dor kann man doch nix bi verdeen"). Meine Frau Bärbel, die wie ich hier ihrem Hobby lebt, hat die Bildchen gemalt. Ehrlich, ich könnte das nicht. Und nun also, viel Vergnügen – oder wappnen Sie sich mit Mut.

Bärbel und Uwe Carstens
Winter 2016

Uns to Huus

Wi wohnt nu tein Johr hier
An't Christianshagener Wech
Uns Leven löppt tomeist ganz schier
Uns geit dat hier nich slecht

Wi danzten un wi kegeln
Wi wärn bi Fritz dorbi
Dor brukten wi keen Regeln
Un föhlten uns ganz frie

Dat wichtigst hier, dat sind uns Fründ
Un dat is för uns schön
So weten wi to jede Stünn
Wi sind hier nich alleen

Wi sind hier giern in uns lütt Dörp
Wi wüllt hier nich mehr wech
Un is dat ok nich jümmers licht
Wi kummt hie god torecht

So wohnt wi op uns ole Daagen
In unse Huus in Dän'schenhagen

Ein kleines Dorf

Ein kleines Dorf am Ostseestrand
Duckt sich behaglich unter Bäumen
Der Mühlenteich, hier wohl bekannt
Der lädt dich ein zum träumen

Die Eiche steht gleich zwei Mal da
Als Haus und auch als Baum
Beschirmt mit Blättern wunderbar
Erlebst du Zeit und Raum

Die Linde gibt es nur als Haus
Der Baum der ward gefällt
Wenn du heut in die Linde gehst
Brauchst du für's Essen Geld

Viel alte Häuser hat's nicht mehr
Es wurde neu gebaut
Doch stört es eigentlich nicht sehr
Und ist dir schnell vertraut

Ein Lächeln ruht auf diesem Ort
Der Heimat dir geworden
Und nie mehr willst du von hier fort
Und bleibst bei uns im Norden

Dänischenhagen

Im Schwedeneck, so mitten drin, da liegt ein Dörfchen klein,
aus allen Himmelsrichtungen kommt man in es hinein.
Das Wichtigste, was ich vergaß, das muss ich euch noch sagen,
das Dorf von dem die Rede ist, das heißt „Dänischenhagen".

Ein Schiff ging unter voller Schweden,
ein Friedhof gab es voller Dänen,
das führte dann, wie viele sagen,
zu Schwedeneck und Dän´schenhagen.

Einst saßen Ritter hier zu Tisch und füllten sich den Magen,
drum ist es nicht verwunderlich, der Ort hieß Slabbenhagen.
Der Dänenkönig Christian der kaufte sich den Ort,
mit Slabbern war es jetzt vorbei, die Ritter gingen fort.
Bei Christianshagen blieb es nicht, man wollt was schönres wagen.
So kam man 1864 überein, wir nenn ihn Dän´schenhagen.

Zwar hatten Preußen und auch Österreich die Dänen grad verprügelt,
in Düppeln wurden Schanzen gar recht zügig weggebügelt.

Dass man den Ort nach „Dänen" nennt, das find ich sogar niedlich,
denn besser drückt man es nicht aus „Ihr Herrn, der Ort ist friedlich!"

Was jetzt folgt ist die Gegenwart in der wir grade leben,
Vollkommenheit, die gibt es nicht – auch wenn wir danach streben.
So müh sich jeder wie er kann und schließlich wird man sagen:
Perfekt ist nur das Paradies, doch dies ist Dän´schenhagen.

Was ist an diesem Ort so toll,
dass viele Menschen bleiben,
und was macht ihn so wundervoll,
das werd ich jetzt beschreiben.

Den schönsten Bau, so wird berichtet,
man mit der alten Kirche sichtet,
seit Dreizehnhundert namenlos,
doch dafür ist sie schön und groß.

Und spräch es sich im Dorf herum,
wir wolln ein Patrozinium,
mit einem ging man sicher fehl,
wir wollen doch kein „Sankt Kanehl".
Ein Name würd es sicher treffen,
wie wäre es denn mit „Sankt Steffen"?
So hätten wir, du ahnst es schon,
wie Wien nen eignen Steffens Dom!

Der Innenraum den man heut schaut,
von Adam Richter aufgebaut,
ist klassizistisch wunderbar,
zum Kloster Preetz ging der Altar.

So wirkt die Kanzel etwas kahler,
die Preetzer zahlten 100 Taler.
Und auch der Zweck der Logenwand,
ist hierorts jedem Kind bekannt.
Denn hinter jenen Fenstersprossen,
hockten besondere Genossen.
Hier schuf Herr Richter voller Kraft,
die Plätze für die Gutsherrschaft.

Ganz oben sangn die Herrn im Chor
von Kaltenhof und Birkenmoor.
Und drunter sauber wie im Forst,
Eckhof, Seekamp und Uhlenhorst.

Und so führt dich der Westausgang,
an einem Engel dann entlang.
Den Engel – dieses gilt für Schlaue,
schuf 58 Alwin Blaue.

Mit „Demut und mit Glaube" schaut er zum Himmel auf,
und treffend ist sein Name – denn was nun folgt darauf,
das ist der schönste Friedhof im ganzen Dän´schen Wohld,
es klingt schon fast erstaunlich, dass man sich hier erholt.

Fast 700 Jahre hat man den Ort gepflegt,
jedoch im Nu hat Christian die Linden weggefegt.
Zwar sieht man wieder Nachwuchs im Lindenkranz entstehn,
doch bis der Kranz vollkommen ist, werdn 100 Jahr vergehn.
Und trotzdem schwärmen viele, von diesem Ort zu recht,
denn wenn man mal ganz leise ist, dann hört man einen Specht.

Doch nicht nur Spechte klopfen hier,
man hört so manches andre Tier.
Der Kuckuck der ruft seinem Namen,
die Taube heult zum Gott erbarmen.

So vom Kaninchen bis zum Wurm –
der Falke grüßt vom Glockenturm.
Wär Edgar Wallace noch auf Erden,
das Käuzchen würde Filmstar werden.

Weil's bis zur Aue abwärts geht,
hat man Terrassen angelegt.
Und für Familie Hildebrandt,
ein Mausoleum hier entstand.

So gibt´s, wenn man es recht besieht,
im Tod doch einen Unterschied.
Bestimmt wird dieser von den Erben,
die Gleichheit aber liegt im Sterben.

Doch ob der Stein groß oder klein,
das Mausoleum noch so fein,
irgendwann ist es so weit,
zu Ende ist die Ruhezeit.
Und Neues wird darauf entstehn,
so mag´s auch Fürst und Olde gehn.
Die Kunst war für sie Lebenszweck,
die Zeit ging über sie hinweg.

Ihr Leben hatten sie der Kunst verschrieben,
nicht viel davon ist noch geblieben.
Zwar nannte man nach ihnen Straßen,
die Menschen aber sie vergaßen.
Dass Olde Nietzsche einst radiert,
und Fürst als Zeichner reüssiert,
von Lornsen, Dahlmann bis Rantzau,
sein feiner Strich traf es genau.
So manches Bild ist noch bekannt,
die Künstler werden kaum genannt.
Dass Julius Fürst bei uns geboren,
auch dieses Wissen ging verloren.

Hans Olde ruht in Dän´schenhagen,
kaum einer weiß das mehr zu sagen.
Für die Lateiner war einst klar
„Vita brevis ars longa"!
Statt Straßen nach ihnen zu benennen,
sollte man Kunst und Künstler kennen.

Tritt man nun aus der Kirchhofs Pforte,
so ist man gleich an jenem Orte,
wo, wie jedem hier bekannt,
dereinst der Gasthof „Denker" stand.
Herr Böttcher baut seniorengerecht,
da passt son oller Gasthof schlecht.
Schon wird ein neues Haus gestiftet,
doch so wird unser Ort geliftet.
Zwar hört man es diskret rumoren,
der Ortscharakter geht verloren,
der Neubürger der wird belohnt,
dass er jetzt bei der Kirche wohnt.
Nie war man näher noch am Himmel,
und morgens weckt dich eine Bimmel.
Wenn dann die Leut am Fenster stehn,
könn sie sogar die Zukunft sehn.
Den Frieden hier schon viele fanden,
so wohnt man da, wo alle landen.
Zwar ist die Wohnung ziemlich teuer,
doch später spart man ungeheuer.

Sanft senkt sich nun die Kirchenstraß am Malergang vorbei,
und gibt den Blick zum schönsten Platz in unsrem Orte frei.
Seit 1848 wächst hier ein Eichenbaum,
sollt Sinnbild sein für Frieden, die Welt kennt Frieden kaum.

Jedoch was wäre dieser Ort
nähm man von ihm das Gasthaus fort.

Die Eiche und „Zur Eiche" zu recht kann man es sagen,
der Ort ist längst ein Synonym für unser Dän´schenhagen.

Und willst du unsren Ort beschreiben,
so geht es nicht ohne die Beiden.
Doch sagt ein Fachmann von der Eiche,
im Grunde ist sie eine Leiche.
Das Laub, es wächst nur noch wie Kohl,
und auch der Stamm ist völlig hohl.
Da sagt der Bürgermeister fein,
ich hol ne zweite Meinung ein.
Denn wird erst nach dem Fällen kund,
der Baum war eigentlich gesund,
dann wird nicht lange rumgetanzt,
dann wird der Fachmann eingepflanzt.

Gut Seekamp ließ das Gasthaus baun,
das Bier tat man noch selber braun.
Um 1950 da kam Karl-Heinz Raddant,
mit seiner Frau Elisabeth war er hier schnell bekannt.
Die Kieler „Eiche-Brauerei" die tat das Bier jetzt brauen,
„Zur Eiche" war dann ab sofort am Gasthausschild zu schauen.
So ging es viele Jahre, die Eiche war beliebt,
schwer ist es zu ertragen, dass es sie nicht mehr gibt.
Zwar zeigt das Gasthaus noch die uns vertraute Sicht,
doch ausgeschenkt wird hier nichts mehr, sie ist seit Jahren dicht.
Auch kann der Denkmalschutz sie noch ein Weilchen schützen,
doch wenn nicht bald etwas passiert, kann der auch nichts mehr
  nützen.

Vom Eichenstandort bis zur Gabel,
die Dorfstraße ist unser Nabel.
Von dieser Gabel kann man sagen,
sie führt nach Strande und Scharnhagen.
Der Linden Krug ist Nummer drei,
die Dorfstraß führt an ihm vorbei.

Gut Bülk ließ hier die Pferde tränken,
die Kutscher mehr an Biertrunk denken.

Gut Seekamp schwenkte jetzt den Besen,
die Witwe Stoll stand hinterm Tresen.
Nach Schmüser, Tank warn Bierbahs dran,
was man ab 34 sagen kann.
Seit 78, das ist schön,
ist dort ein neuer Wirt zu sehn,
Herr Beisel und Frau Bock
servieren Bier und Grog.

Ob Grünkohl, Haxe, Lindentopf, der Willi steht am Herd,
und was er dann so angericht ist allgemein begehrt.
Ein Trumpf ist auch die Kegelbahn, wo jeder fleißig kegeln kann,
doch montags nicht: um 20 Uhr, da kegelt „Hol di ran".
So ist die Linde, man muss grien,
im Ort der letzte Rest „Cuisine".

Dorfstraße 15 ist ein Haus,
dem gingen bald die Blumen aus.
Ein leeres Haus macht nur Verdruss,
Frau Netlitz kocht Café Genuss.
Schon tönt's an allen Orten,
hier gibt es leckre Torten.
Frau Netlitz zog woanders hin und heiter,
gab sie die Tortenheber weiter.
Den schwingen nun mit frohem Sinn,
Frau Urbarz und ihr Mann Herr Blinn.
Jedoch auch die sind nicht mehr da,
der Ort heißt jetzt „Cupedia",
grammatisch nicht ganz einwandfrei,
nennt man so manche Näscherei.

Schräg gegenüber glüht die Nadel,
ein Schneider ohne Fehl und Tadel.

Was immer KaDeRuBa heißt,
der Reißverschluss der hält zumeist.
Um Überflüssiges zu kaufen,
musst du zum Frauenzimmer laufen.

Und Bücher gab´s bei Heins, Ulrike,
beim Wing Tsun hörst du oft Gequieke.
Sonntags, Andre zeigt Frau und Mann,
wie man sich selbstverteidgen kann.

Und in der Scheune von Raddant,
isst du die Pizza aus der Hand.
du musst nicht in der Scheune schlingen,
denn Bella Pizza tut auch bringen.
Die Frage, die im Raume steht,
wie lang's noch mit der Scheune geht.
Denn wird hier alles abgerissen,
geht's Bella Pizza nicht so gut.

Die Strander Straße 19 ist hierorts wohlbekannt,
denn auch in Dän´schenhagen gibt es so manchen Brand.
Und hörst du die Sirene, schau erst auf deine Uhr,
denn wenn es Samstag 12 Uhr ist, dann heult sie eben nur.
Wir können ruhig schlafen, und zwar zu jeder Zeit,
die Dän´schenhagner Feuerwehr ist stets für uns bereit.

So 1950, hört man von früher sagen,
da gab es viele Läden hier, man konnt fast alles haben.
Das alles gibt's jetzt bei Markant,
das aus dem Edeka entstand.
Dort herrschte einst der Kaufmann Grimm,
dass der da weg ist, ist nicht schlimm.

„Herr Gosch" wie auf dem Schild zu lesen,
entfaltet jetzt sein gutes Wesen.

Und ein Café ist auch zu sehn,
die Rentner brauchen nicht mehr stehn.
Am Eingang ist ne Öffnung fein,
da schmeißt man dann das Leergut rein.
Die Post ist offen, heißt das Motto,
und nebenan da spielt man Lotto.
So tönt es denn in Stadt und Land:
Hier bei Markant gibt´s allerhand!
Hier kaufst getrost du deinen Quark,
die Blumen holst du von Frau Stark.
Und willst du etwas länger bleiben,
dann lass dir gleich die Haare schneiden.

Und also lautet ein Beschluss,
dass jeder Mensch was lernen muss.
Die Kinder zieht´s zur Schulstraß hin,
dass hier die Schule ist macht Sinn.
Seit 52 steht sie da,
das Haus für unsre Schülerschar,
Und rund 200 Kinder sind ziemlich früh erwacht,
der Humanismus wartet schon – Beginn ist dann um 8.
Der Lehrkörper ist weiblich, gleich 17 nette Fraun,
und angstfrei ist die Schule auch, denn hier wird nicht gehaun.
Frau Westphal, die sitzt im Büro,
Hausmeister Cali putzt das Klo.
Das Bildungsziel klingt gar nicht minder:
Frau Meißner wünscht sich starke Kinder!

So geht man von der Schule fort,
nach kurzer Strecke folgt ein Ort,
der jedes Jahr ins Zentrum rückt
und Dän´schenhagner schier entzückt.
Wie schön ist doch die Weihnachtszeit,
und Jochen Besler steht bereit.
Ein Schild verspricht uns grüne Träume,
hier gibt es Jochens Weihnachtsbäume.

So wird die Schulstraße schon bald,
zu Jochen Beslers Zauberwald.
Doch ist der Jochen dann und wann,
vielmehr als unser Weihnachtsmann.

Und jeden hier im Ort den freut´s,
sieht man den Jochen auf dem Deutz.
Der Trecker bei der Arbeit nützt,
der Jochen hält die Ohrn geschützt.
Die braucht er auch für sein Talent,
wofür ihn hier bald jeder kennt.
Die Bretter, die die Welt bedeuten,
machten bekannt ihn bei den Leuten.
Im „Speeldeel" ist es jedem klar,
der Jochen, der ist unser Star.
Und Rollen spielt er ohne Zahl,
der Dän´schenhagner Henry Vahl.

Getrost kann man sich weiter wagen
die Schulstraß führt bis Sturenhagen.
Verlassen so des Mimens Ort,
denn was nun folgt, das nennt man Sport.
Kein Kind muss auf der Straße spielen
und permanent nach Autos schielen.
Der Sport, das ist ein schöner Satz,
der hat in Dän´schenhagen Platz.

Ein schöner Ort ganz ohne Frage,
ist Günther Seemanns Sportanlage.
Doch wird in Sport nicht investiert,
dann sind die Sportler angeschmiert.
Denn wird der Jugend nichts geboten,
dann gibt's bald wieder mehr Chaoten.
Drum lieber Herr Gemeinderat,
nen Fehler macht, wer daran spart.

Fast jeden Sport kannst du genießen,
sogar mit einem Bogen schießen.

Und strebst du dann nach höhren Zielen,
tust gar nach Sportabzeichen schielen,
Herr Türke bringt dich schnell auf Trapp,
vorausgesetzt du machst nicht schlapp.
Und ist die Arbeit dann getan,
schon steckt er dir die Nadel an.

Seit vielen Jahren gilt nicht mehr,
der Golfsport wäre elitär.
Ja, grade hier bei uns im Norden,
ist Golf zum Volkssport schnell geworden.
Der Uhlenhorst wird´s dir beweisen,
und zeigt dir gleich die richtgen Eisen.
Drum schnapp dir einen Schlägerköcher –
es warten 27 Löcher.
Und schaffst du 72 Par,
bist du sogleich der „Uhlen Star".

Und Laurens heißt das Restaurant,
für gute Speisen wohl bekannt.
Der Zampano an seinem Herd,
das ist der Chefkoch Schulz, Norbert.
Im Golfclub gibt´s auch eine Bar,
und dort macht man die Cocktails klar.
Hier stimmt die Mischung Golf und Essen,
und auch der Preis ist angemessen.
Hat die Diät dir nicht geholfen,
dann geh zum Uhlenhorst zum Golfen.

Doch willst du einfach Fußball spielen,
dann brauchst du nicht nach Holstein schielen.
Spiel in der Dän´schenhagen Liga,
und stets gehst du vom Platz als Sieger.

Die Bürger wissen es genau,
wir habn kein Pflegeheim, wir habn den MTV.

So kann man mit Gewissheit sagen,
der Sport gehört zu Dän´schenhagen.
Doch Schwitzen ist nicht sehr beliebt,
wie schön, dass es das Sportheim gibt.
Durch ein Getränk kannst du erreichen,
den Flüssigkeitsstand auszugleichen.
Das Sportheim hilft den Sport verschönen,
wie herrlich ist es dort zu klönen.
Und essen kannst du dann und wann,
gut dass Herr Löhrke kochen kann.

Die Schulstraß haben wir durchmessen,
doch einen wolln wir nicht vergessen.
Sogar in Dän´schenhagen,
brauchst du einen Wagen.
Doch nützt der Wagen nicht allein,
du brauchst auch einen Führerschein.
Und so, wie ich die Sache seh,
der Mann dafür, der heißt René.
Zwar gründlich aber schnell zumeist!
Liegt´s daran, dass er Raschke heißt?

Der Sturenhagner Weg braucht Haltung,
und 14 ist die Amtsverwaltung.
Willst du den Bürgermeister treffen,
seit Jahren heißt er Wolfgang Steffen.
4000 Bürger sind ihm teuer,
und zahlen pünktlich ihre Steuer.
Der Ort misst 16 km im Quadrat
und 17 sitzen im Gemeinderat.
Der Kirchturm unser Wappen ziert,
er wirkt so gar nicht blasoniert.

In Silber passt ganz gut hinein,
die Eiche und ein Mühlenstein.
Nur eines muss ich euch gestehn,
die Fahne find ich nicht so schön!
Und 3 Parteien gibt´s im Ort,
die FDP schickte man fort.
So ist es nun seit Jahren schon,
Herr Mattig ist Opposition.
Am Abend sitzen dann beim Bier,
die CDU, die SPD und WIR.
Nun kann sich jeder leicht ausmalen,
der Bürger muss die Zeche zahlen.
Doch ist auch allgemein bekannt,
kaum einer will ein Ehrenamt.
Und wenn uns auch nicht alles schmeckt,
was sie verdienen ist Respekt.

In jedem Ort den wir durchmaßen,
gibt´s kurze und auch lange Straßen.
Die kürzeste ist Gott sei Dank
nur 54 Meter lang.
Zudem ist sie auch ziemlich schräg –
genau, es ist der Kiefernweg.
Die längste führt, man kann´s leicht sagen,
unmittelbar nach Sturenhagen.
Ne ziemlich lange Strecke geht er,
genau sind´s 2427 Meter.
6 Meter über Null man misst,
die Höhenangst kein Thema ist.
So würd der Messner bei uns schwach,
die Gegend ist für ihn zu flach.
Er wendet sich mit frohem Sinn,
nach Holsteins höchstem Berge hin.
Und 168 Meter, ohn Sauerstoff durchstiegen,
man muss so hart wie Messner sein,
den Bungsberg zu besiegen.

Doch solln am Schluss nicht Zahlen stehn,
denn dafür ist der Ort zu schön
Nur eine Zahl die wäre meins,
der Ort bekommt die Note Eins.

Und wohnt man dann in diesem Ort,
geht man so schnell nicht wieder fort.
Und wer's nicht glaubt, dem muss ich sagen,
besuch uns doch in Dän´schenhagen.

Im Christianshagener Weg

Fährst du nach Dän'schenhagen fein,
fahr rechts in die Paul-Schröder rein.
Die nächste links läuft etwas schräg,
du bist im Christianshagener Weg.

Der Dänenkönig Christian gab seinen Namen her,
ein Hagen hängte man noch dran, so klingt's behaglicher.
Der Weg ist keine Avenue, ist keine Offenbarung,
er breitet seine Arme aus und nimmt dich in Verwahrung.

Drum lass dich einfach auf ihn ein und lenke deinen Schritt,
vom Eingang bis zum Wendeplatz nimmt er dich gerne mit.
Zunächst ist rechts ein Park zu sehn,
du brauchst nur durch den Eingang gehn.
Doch dazu sagen wir heut nein,
die Enten werden dankbar sein.

Was man bei unsrem Weg gleich sieht,
das ist der Höhenunterschied.
Ganz sachte steigt er stetig an,
der Gipfel liegt am Ende dann.
Die Konsequenz ist nicht so doll,
die Keller laufen unten voll.

Rückhaltebecken ham's hier schwer,
zum Glück pumpt gleich die Feuerwehr.
Parkbuchten gibt es reichlich in dem Weg,
drum findet man es ziemlich schräg,
dass diese häufig nicht gesehn,
und Autos auf der Straße stehn.
Warum das ist, wird sofort klar,
ein Fußmarsch ist nicht zumutbar.
Und sind es auch nur ein paar Meter,
ein Fahrer fährt und niemals geht er.

Doch lassen wir den Ort zurück,
denn was nun folgt, das ist zum Glück
der Weg in seiner ganzen Pracht,
der jeden Nutzer fröhlich macht.
Am Schluss da hängt ein Hammer dann,
auf dem man auch noch wenden kann.
So offen ist für jedermann
der Weg vom König Christian.

Jedoch der Weg wird nicht geschont,
denn schließlich ist er ja bewohnt.
Er wird von Häusern fein umsäumt,
die hier gebaut wie einst erträumt.
Bei schlechtem Wetter denkt man wohl,
zum Glück sind unsre Häuser hohl.
Von drinnen schaut man dann erregt,
was auf dem Weg so vor sich geht.
Früh morgens strömt mit heitrem Sinn,
die Schülerschar zur Schule hin.
Und fröhlich wird es jedem kund,
die Grundschule das ist der Grund.
Nachzügler hasten reichlich spät,
das Lachen wird vom Wind verweht.
Und kurz nach acht ist er dann leer,
der Weg wirkt jetzt erwachsener.

Die Arbeitnehmerschaft ganz groß
fährt in die andre Richtung los.
So herrscht des morgens viel Betrieb,
den Rentnern ist das gar nicht lieb.
Sie schätzen hier im Weg die Ruh
und machen ihre Fenster zu.
Doch bald schon in des Tages Lauf,
da gehn die Fenster wieder auf.

Und hörst du wieder Kinder schrein,
dann muss es gegen Mittag sein.
Doch kein Mensch tut das wirklich störn,
die Mägen kann man knurren hörn.
Dann kommt ein gelbes Auto an
das scheinbar keine Regeln kann.
Es hält da wo es ihm gefällt
und zahlt nicht mal Verwarnungsgeld.

Der Postillion der springt heraus
und flitzt gekonnt von Haus zu Haus.
Und ist der Kasten noch so klein,
der Postminister tut was rein.

Das Nachgucken, das macht jetzt Sinn,
ach, wieder ist nur Werbung drin.
Doch glücklich, wer nen Brief rauszog,
denn unsre Post ist analog.

Ein Brauchtum ist zur Pflicht geronnen,
wird manifest an bunten Tonnen.
Und welche Farbe man da nimmt,
wird durch den Inhalt dann bestimmt.
Sind die Termine erst bekannt,
schon stehen sie am Straßenrand.

Und kommt dann der Remondis Wagen,
entleert man sie in seinen Magen.

Schon steht der Nächste vor dem Haus,
ein Junge trägt die Zeitung aus,
die wortreich dir erklärt sodann,
wieviel und wo man kaufen kann.
Die Werbemenge ist schon toll,
die blaue Tonne ist stets voll.
So wird bei uns die Hungersnot,
ersetzt durch's Sonderangebot.

Es ist ein stetes Komm und Gehn,
und immer gibt es was zu sehn.
Beim Nachbarn da ist heut Besuch,
Handwerkerautos fahrn genug.
Und Feierabends kommt zum Glück,
die Arbeitnehmerschaft zurück.
Hier wohnen ist ein Privileg,
bei uns am Christianshagener Weg.

Der MTV

Der MTV klingt antiquiert, wenn man das Kürzel kennt,
dem THW mag's ähnlich gehn, wenn man ihn heute nennt.
Turnvater Jahn war das Modell, ihm wurde nachgestrebt,
die Männer taten es ihm nach, weil man gesünder lebt.

Gegründet ward der Sportverein ein Jahr vorm großen Krieg,
der brach im Jahre 14 aus und brachte keinen Sieg.
Und an der Kirche steht ein Stein, du findest Namen dort,
sie kehren nie zu uns zurück, der Krieg, er ist kein Sport.

So gingen ein paar Jahr ins Land,
bis man zum Sport sich wiederfand.
Zwar blieb's beim Namen MTV,
doch ging es jetzt auch mit der Frau.

Und schaust du heut auf den Verein,
so ist er gar nicht mal so klein.
Denn rund viertausend Leute wohnen hier im Ort,
im MTV da treiben frisch tausendfünfhundert Sport.

Das wärn mehr als ein Drittel, aus unsrem schönen Ort,
(wobei man davon ausgehn kann, es treiben noch mehr Sport).
Die Dän'schenhagner Leute, sie sind gut aufgelegt,
vom Senior bis zum Junior ist man hier sportbewegt.

Und bis auf Fallschirmspringen kannst du hier alles treiben,
doch machst du 14 Sparten mit, das lass mal lieber bleiben.
Schon morgens geht's mit Turnen los, dann rennst du um die Wette,
beim Fußball- und beim Handballspiel spürst du die Zigarette.

Bei Volleyball und Tennis da fühlst du dich wie Blei,
dabei sind Boule und Tanzen noch gar nicht mit dabei.
Die Bogenschützen warten in ihrem Schützenhaus,
doch warten sie vergeblich, die Luft ging vorher aus.

Wer klug ist, wählt was zu ihm passt, und was er gerne tut,
dann wird der Sport auch nicht zur Last und man behält den Mut.
Doch gar nichts tun wär furchtbar falsch, das weiß ich ganz genau,
Drum auf – zwei Drittel müssen noch in unsren MTV!

Feuerwehr Dänischenhagen

Seit wann gibt es ne Feuerwehr?
Des Rätsels Lösung ist nicht schwer,
so 1848 – klar,
da war die erste Wehr schon da.
Und spritzen konnte man gleich auch,
seit 1700 gibt's den Schlauch.

In Dän'schenhagen man schon lauert,
bis 1889 hat's gedauert.
Was alle eint, ist gar nicht schwer:
„Gott zur Ehr, dem Nächsten zur Wehr!"
So steht die Feuerwehr bereit,
es lebe die „Freiwilligkeit".

Wer immer 112 hier rief,
gleich werden 40 Mann aktiv.
Rund 100 Jahre gingn ins Land,
bis man bei uns auch Damen fand.
Dem Feuer ist das ganz egal,
was zählt, das ist der Wasserstrahl.

Und bist du 16 Jahre alt,
dann mach an unsrer Wache halt.

Denn Nachwuchs finden ist oft schwer,
mach mit bei unsrer Jugendwehr.

Und Strander Straße 19 steht das Gerätehaus,
doch machen wir die Türe auf, dann komm drei Autos raus.
Die Autos, die sind knallig rot, das kommt vom „roten Hahn",
denn wenn der „kräht", dann müssen wir zur Brandbekämpfung fahrn.

Auch kämpfen wir beständig an mancher andren Front,
doch keine Angst, die Technik wird auch von uns gekonnt.
Die Brandbekämpfung sorgt zumeist,
dass man uns „Feuerwehren" heißt.
Jedoch beim Katastrophenschutz
habt ihr von uns den größten Nutz.
Auch Prävention fällt uns nicht schwer,
denn Martin Peters führt die Wehr.
Das Röstbrot braucht ihr nicht zu kaufen,
umsonst ist auch Laterne laufen.
Auch zünden wir – wenn es denn dran,
für euch das Osterfeuer an.
So wird es schließlich jedem klar,
die Wehr ist für uns alle da.

Bei uns in Dän'schenhagen, da steht die Wehr auf Wacht,
der Bürger kann ruhig schlafen, wir geben auf ihn acht.
Natürlich würden wir uns freun,
er würde „aktiv" bei uns sein.
Doch auch „passiv" wär für uns fein,
und wär die Spende noch so klein.
Denn die Geräte sind recht teuer,
und wir erheben keine Steuer.

Zum guten Schluss sollt man noch sagen,
wir sind wie ihr aus Dän'schenhagen.
Und sind im Alltag wir zivil,
sieht man von unsrem Dienst nicht viel.
Nur wenn Gefahr droht dann und wann,
ziehn wir die Uniform uns an.
So sind wir, ohne lang zu fragen,
aktive Leut aus Dän'schenhagen.

Ein Lob gilt noch dem Bauausschuss,
er machte mit der Ausfahrt Schluss.
Und gibt es künftig mal Alarm,
wird nicht rangiert, dann wird gefahrn.

Nebel

Nebel wallen durch die Gassen
Und wie Pesthauch ist die Luft
Muss ich heut mein Leben lassen?
Ist geöffnet schon die Gruft?

Blitze zucken auf mich nieder
Kämpfend schreite ich voran
Grauenvolle Totenlieder
Halten mich in ihrem Bann

Totengleich sind die Gestalten
Die sich schwankend um mich scharen
Wie soll ich in solcher Nacht
Meinen Lebensmut bewahren

Mit letzter Kraft den Weg ich finde
Ein Wirtshaus ist für mich der Retter
Denn heut ist Kegeln in der Linde
Auch bei diesem Scheiße Wetter!

Der Abend

Der Abend senkt sich sanft hernieder
Das Dörflein sehnt sich nach der Ruh
Ein knappes Dutzend Männer streben
Mit raschem Schritt der Linde zu

Es ächzt die Tür – die Glocke scheppert
Man ist vom Klange ganz bedeppert
Doch ist gewohnt man das Gebimmel
Man ist hier schließlich nicht im Himmel

„Ein schönes Alster?" fragt Angelika
Man nickt und macht das Schuhwerk klar
Die Bahn zeigt matte Lichterpracht
Der Schwamm wird erstmal nass gemacht

So sitzt man dann noch sehr verpennt
Bis Helmut zweier Namen nennt
Und Beide gehn dann auf die Bahn
Der Kegelabend fängt jetzt an

Zunächst sind fünfzehn Würfe dran
Was man noch ohne weitres kann
Die nächsten fünfzehn gehn noch heiter
Jedoch dann geht's mit Zehnern weiter

Und wenn man sich nicht konzentriert
Dann ist man lecker angeschmiert

So mancher Wurf scheint wie gedrechselt
Bis leider dann der Ansatz wechselt
Die Kugel rollt jetzt wie ne Nudel
Und Zack – schon hat man einen Pudel

So kegelt jeder mit Pläsier
Und konsumiert so manches Bier
Drei Neunen in Folge, wunderbar
Die Runde bringt Angelika
Nur Uwe leidet Höllenqualen
Er muss die Runde schließlich zahlen

Zum Schluss kommt dann noch das Addieren
Zum Glück kann man nichts mehr verlieren
Denn rechnet Helmut nach den Regeln
Dann gibt es Drei, die können kegeln

So mancher hofft: Jetzt meint er mich!
El Präsidente räuspert sich:
„Ihr Brüder ich verkünd zur Stund
Drei Sieger hier in diesem Rund
Die Bronzene gehört dem Dritten
Der Dieter hat sie sich erstritten

Der Silbernadel matter Schein
Gehört dem Adolf heut allein"
Doch nun geht's um die goldne Nadel
Denn wer die kriegt, gehört zum Adel

Na klar, der Präsident ist dran
Und steckt die Goldne lächelnd an

Und bald schon wird ihn jeder kennen
Und nur noch Herr von Schröder nennen

So geht der Montag still vorbei
Ach, gäb's doch Nadeln mehr als drei
So schwillt dem Einen stolz die Brust
Die Andren schieben ihren Frust

Doch nach dem Ruf vom guten Holz
Sind endlich auch die Andren stolz
Vielleicht ist man ja Montag dran
Denn schließlich heißt's doch: Hol di ran!

Ein knappes Dutzend Männer
Verschwinden in der Nacht
Und jeder denkt im Stillen
Es hat doch Spaß gemacht!

Pokémon

Sie starren stur auf die Geräte
und mancher bricht sich seine Gräte,
weil er die Umwelt glatt negiert,
wenn er ein Taubsi grad entführt.
Den Pokéstop entert man frisch,
und läg er auf dem Mittagstisch.
Das Ziel sind kleine rote Bälle,
die holt man sich auf alle Fälle.
Und steht da irgendwer im Weg,
so wird er munter weggefegt.
Das Motto jeder Spieler kennt:
Das Spiel heißt schließlich „Go" nicht „Stand".

Oh, lieber Poké-Spieler hör,
so führt das alles zum Malheur,
denn so benehm sich nur Idioten,
die Rücksicht, ist dir nicht verboten.
Das Spiel macht Spaß und schafft Bewegung,
doch Denken ist auch eine Regung,
die jedem gut steht zu Gesicht –
dies ist ein Pokémon-Gedicht.

Kleingartenverein

Das Leben nach dem Krieg war schwer,
drum musste schnell ein Gärtchen her.
Nichts klappte mehr, nicht mal das Borgen,
und so muss man sich selbst versorgen.

Kleingärtner werden wir genannt,
in Deutschland sind wir wohl bekannt.
Wir ackern stets auf eigner Scholle,
vom Kohl bis zur Kartoffel Knolle.

Herr Schreber hat es vorgemacht,
und Herr Gesell hat es vollbracht.
In Leipzig gab's den ersten Garten,
noch musste Dän'schenhagen warten.

Kleingärtner werden wir genannt,
in Deutschland sind wir wohl bekannt.
Bei uns ist jeder Spezialist,
und sei es nur für Pferdemist.

Doch bald schon war's auch hier bekannt,
der erste Kleingarten entstand.
Am Dän'schenhagner Ortsausgang,
zieht er die Mühlenstraß sich entlang.

Kleingärtner werden wir genannt,
in Deutschland sind wir wohl bekannt.
Und bei der Ernte wolln wir wetten,
kann man vor Freunden sich kaum retten.

Heut gibt's dort 57 Parzellen,
die Gärtner müssen sie „bestellen".
Doch komm sie nicht, sie sind schon da,
doch mach das mal den Laien klar.

Kleingärtner werden wir genannt,
in Deutschland sind wir wohl bekannt.
Die Vorurteile sind oft dreister,
doch sind wir keine kleinen Geister.

So gärtnert jeder mit Bedacht,
das Häuschen ist oft selbstgemacht.
Drum wird den Namen jeder kennen,
man kann sie „Laubenpieper" nennen.

Kleingärtner werden wir genannt,
in Deutschland sind wir wohl bekannt.
Wir feiern gern bei uns im Garten,
und könn den Sommer kaum erwarten.

Doch kaufst du mal im Shop Gemüse,
dann geht beim Preis dir gleich die Düse.
So kannst du auf den Satz ruhig bauen,
Kleingärtner sind die wirklich Schlauen.

Kleingärtner werden wir genannt,
in Deutschland sind wir wohl bekannt.
Wir ackern stets auf eigner Scholle,
vom Kohl bis zur Kartoffel Knolle.

Landfrauen

Noch heute gibt es Leute, und leider auch genug,
die denken, wir fahrn Trecker, und pflügen mit dem Pflug.
Sie meinen Gummistiefel gehörn zu unsrer Tracht,
wir melken unsre Kühe, wie das ne Bäuerin macht.

Mensch Leute, wir sind Landfraun, stehn mitten in der Welt,
wir haben uns zusammgetan, weil uns das so gefällt.

Im Jahre 56 da wurden wir aktiv,
es war die Lotte Stegemann, die uns zur Eiche rief.
Das war in Dän'schenhagen, wo man uns hingeholt,
doch kamen auch die Frauen vom ganzen Dän'schen Wohld.

Mensch Leute, wir sind Landfraun, stehn mitten in der Welt,
wir sind fast überall dabei, nur gehn wir nicht aufs Feld.

Und Frauen aus der Landwirtschaft warn anfangs dominant,
doch bald schon kamen andre Fraun aus unserm schönen
  Land.
Die Bäuerin, sie spielt bei uns fast keine Rolle mehr,
aus sämtlichen Berufen komm Landfraun heut daher.

Mensch Leute, wir sind Landfraun, stehn mitten in der Welt,
wir breiten unsre Arme aus, wenn eine von uns fällt.

Seit mehr als 60 Jahren kennt man uns hier im Land,
Renate Techel heißt der Boss und ist hier wohl bekannt.
Wir reisen und wir singen, wir hörn manch kluges Wort,
gehörst du einmal zu uns, willst du nie wieder fort.

Mensch Leute, wir sind Landfraun, stehn mitten in der Welt,
wir haben uns zusammgetan, weil uns das so gefällt.

DRK

Dies Kürzel ist uns wohlbekannt,
dafür wird es zu oft genannt.
Beim Rotes Kreuz, ist jedem klar,
man glaubt, es war schon immer da.

Dabei ist es noch gar nicht alt,
und rankt sich um eine Gestalt,
die Kriege unerträglich fand,
und Not und Leid damit verband.

Henry Dunant heißt dieser Mann,
der sich das Rote Kreuz ersann,
bis Deutschland ist es schnell gemündet,
in Bamberg wurde es gegründet.

Zur Wohlfahrts- und Sozialarbeit,
da steht das Rote Kreuz bereit.
Doch ohne die Freiwilligkeit,
käm auch das DRK nicht weit

Der Dän'schenhagner Ortsverein,
stimmt mit in diesen Chorus ein.
Auch hier, wie überall im Land,
man motivierte Helfer fand.

Zum Beispiel die Begegnungsstätte,
die jeder Ort wohl gerne hätte.
So recht ein Platz für Senioren,
denn keiner fühlt sich hier verloren.

Die Kita hier vom DRK,
ist für die Eltern wunderbar.
Der Ortsverein fänd's sicher gut,
sie spendeten dafür mal Blut.

Bei Festen und Gemeindefeten,
da ist das DRK vertreten.
Und zieht's dir an den Füßen stark,
dann lauf geschwind zum Sockenmarkt.

Drum ein Gedanke wäre fein,
willst du nicht endlich Mitglied sein?
Gerade dich tun wir vermissen,
entspannt ist sofort dein Gewissen.

Ein Schweizer hat es einst ersonnen,
die Menschheit hat dadurch gewonnen.
Zum Schluss stimmt in den Ruf mit ein,
es lebe unser Ortsverein.

Bohnen

Als Kind da hätt ich nie gedacht,
dass Grünes mir mal Freude macht.
Um gleich nen Irrtum auszuschließen,
die Grünen finde ich zum Schießen.

Politisch kannst du sie vergessen,
wovon ich rede, nennt man „essen"!
Natürlich gibt es viele Sachen,
die grün sind und auch Freude machen.
Die Farbe ist an sich neutral,
die Beispiele sind ohne Zahl.

So hat zetbe ein Jägersmann
vorwiegend grüne Sachen an.
Auch stand die Polizistenschar
dereinst noch grün gewandet da.
Herr Albig dünkt sich furchtbar kühn,
zu rot muss auch noch blau und grün.
Und grünes Licht zeigt dir sodann,
dass man jetzt weiterfahren kann.
Grün ist die Hoffnung – ganz genau –
nur Juhnkes Harald war oft blau.

Witt is de Sand, rot is de Kannt,
grön is datt Land –
so, nu kennst du ok Helgoland.
So wird die Farbe nie vermisst,
selbst wenn's nur grüner Hering ist.

Denn Grünes liegt heut voll im Trend,
die Leute man Veganer nennt.
Doch Has' und Reh rufen voll Schreck,
die fressen uns das Futter weg!
So lass sie sich bei Blutwurst zieren,
sie solln mich nur nicht missionieren.

Für ein Gemüse wunderschön,
da lass ich alles andre stehn.
Die Traubenlese schier entzückt,
doch was ich meine wird gepflückt.

„Den Namen bitte, es wird Zeit",
im Spätsommer ist es soweit.
Willst auf Latein sie einmal kennen,
du musst sie Phaseolus vulgaris nennen.

Auf hochdeutsch ist sie auch nicht ohne,
na klar, es ist die grüne Bohne.
Als Gartenbohne auch bekannt,
die schönste Frucht bei uns im Land.

Die Leute früher in der Zone
die nannten sie sogar ‚Brechbohne'.
Dagegen würde ich gleich motzen,
die Bohne ist doch nicht zum kotzen!

Doch hast du einmal sie gegessen,
so wirst du sie nie mehr vergessen!

Selbst Zeus denkt bei Ambrosia,
„Ach, hätt ich grüne Bohnen da!"
So warte ich und bin entzückt,
bis Jürgen auf die Klingel drückt!
Denn was er bringt, das ist nicht ohne,
Phaseolus, die grüne Bohne.

Das Warten tut zunächst verdrießen,
man kann sie ja nicht roh genießen.
Doch eine Art hat sich bewährt,
man kocht sie einfach auf dem Herd.

Als Beilage man Kotelett wählt,
rasch hab die Bohnen ich gezählt.
Sowie der Herr die Sternlein zählet,
dass ihm auch nicht eines fehlet.

Und beim Verteilen geb ich acht,
dass niemand hier Sperenzien macht.
Die Koteletts, die sind mir egal,
bei Bohnen bin ich hart wie Stahl.

Die Bohnenpflanze hier im Land,
in manchem Kontext wird genannt.
Als Krimiheld stand sie bereit,
der Film hieß „Bohne und auch Clyde".
Als Schlachtenfeldherr kühn und hart,
bekannt wurd er als Bohn apart.
Politisch kam sie nicht davon,
die erste Hauptstadt die hieß Bohn.
Und blaue Bohnen fliegen dumm,
in manchem Cowboyfilm herum.
Hoss, little Joe und Pa
warn stets in der Bohn anza da.
Man fragt sich wies dem Banker geht,
und wie steht's mit der Bohn ität.

Für Mönchengladbach spielt zumeist,
ein Mensch den man auch Bohn hof heißt.
Ja selbst den Schlager hat sie sich erkorn,
Gus Backus hatte „Bohnen in die Ohrn".
Zwar war der alte Rasputin,
der Lover of the Russian Queen.
Doch wenn ich euch die Gruppe nenn,
so heißt sie einfach Bohni M.
Das letzte Beispiel ist nicht ohne,
doch interessiert's euch nicht die Bohne.

Doch über alle Bohnenpracht,
ein Resümee wär angebracht:
Die Schöpfung, die braucht eine Krone
nein, nicht den Mensch, es ist die Bohne!

Der Germanist wird auch noch froh
der letzte Satz war ein Bohn mot!

Für Hans Olde

Das 19. Jahrhundert wird Neuzeit auch genannt,
der Imperialismus aus Aufständen entstand.
Das Kapital und Industrie entfalten ihre Kraft.
Der Sozialismus ward geboren und die Arbeiterschaft.

Als Liberaler gab man sich, das mehrte auch den Ruhm,
vor allen Dingen hat man „mehr", doch muss man nicht
  „mehr" tun.
Was sich daraus entwickelte,
das ist die Bürgerschaft,
doch Bürgerschaft reicht nicht allein,
der Bildungsbürger muss es sein.

Und zwei Begriffe tauchen auf, und bald wird jedem klar,
entweder bin ich Citoyen oder ich bin Bourgeois.
Denn der Bourgeois denkt nur an sich und an das
  Herrschaftstum,
der Citoyen nach Bildung strebt, nur Wissen führt zum Ruhm.

Die Kunst im 19. Jahrhundert, ist bürgerlich geprägt,
die Kirchenkunst, sie ist passé, Reales wird gepflegt.
Impressionisten malten jetzt nicht mehr im Atelier,
plein air, in der Natur gemalt, so nennt man das Sujet.

Jetzt endlich nennen wir den Mann, für den die Zeilen sind,
und dessen Malerleben soeben erst beginnt.

Und 1855 – ein wunderbares Jahr,
denn Tönnies, Brütt und Nissen die waren auch grad da.

Dorf Süderau bei Krempe wird so oft nicht genannt,
so eigentlich ward dieser Ort durch Olde nur bekannt.
Johannes Wilhelm Olde wuchs hier in Holstein auf,
doch als er 13 Jahre war, brach er nach Seekamp auf.

Hier sollt er Landwirt werden, so war es ihm bestimmt,
für Oldes Vater war es klar, wer alles übernimmt.
Doch manchmal folgen Söhne nicht mehr der Väter Spur,
sie gehen neue Wege und folgen diesen stur.

Als Landwirt war der Senior natürlich Realist,
und Dinge überzeugten ihn, den man nen Wert beimisst.
Ein preisgekrönter Stier im Stall erbracht 800 Mark,
dies Geld, so Olde Senior, als Argumente ist stark.

Hans Olde hatte vorher schon den Stier gekonnt gemalt,
und war nun ziemlich interessiert, was jemand dafür zahlt.
Und als 8000 Mark erzielt, war auch dem Senior klar,
dass der Beruf für seinen Sohn wohl doch das Beste war.

Wer immer von ihm wusste, dass Eine war bekannt,
Hans Olde hat auf Schritt und Tritt nen Stift in seiner Hand.
Die Leidenschaft zur Malerei die hatte er im Blut,
im Unterschied zu anderen: Hans Olde malte gut.

Dem Vater zu Gefallen, schloss er die Lehre ab,
doch kurz darauf da setzte er nach Süden sich in Trab.
„Wenn ich es jetzt nicht tue, dann tue ich es nie!"
So war sein Ziel in München die Kunst-Akademie.

Von Löfftz, so hieß sein Lehrer, da nahm er vieles mit,
doch bald schon hielt Hans Olde mit seinem Lehrer Schritt.
Hans Olde ging auf Reisen und festigte den Strich,
Italien und Frankreich – da fand er dann zu sich.

Das Atelier auf Seekamp wurd schließlich dann der Platz,
wo Olde seine Bilder schuf, ein wahrer Malerschatz.
Berühmte Künstler trafen sich im Altenteiler Haus,
und potentielle Kunden, die gingen ein und aus.

Die Kunstschule in Weimar bot ihm den Lehrstuhl an,
gestandener Professor war unser Olde dann.
Und unter seiner Leitung ward Weimar Künstlerort,
und auch als er nach Kassel ging, setzt er die Arbeit fort.

Hier ist er dann gestorben, dabei noch gar nicht alt,
mit 62 Jahren da kommt der Tod zu bald.
Vielleicht war es auch Heimweh zum schönen Ostseestrand,
Gut Seekamp hätte er gewiss als Heimatort genannt.

Was bleibt uns von Hans Olde, den kaum noch jemand kennt.
Natürlich seine Bilder, der Künstler ist meist fremd.
Hans Olde war zu seiner Zeit bedeutend und bekannt,
die Zeit ging über ihn hinweg, er wird kaum noch genannt.

Doch halt! Es gibt von ihm ein Bild, das
  bleibt für alle Zeit,
als hochgerühmtes Meisterwerk steht es bis
  heut bereit.
Das Bild von Friedrich Nietzsche auf seiner
  Lagerstatt,
fast überirdisch intensiv was er geschaffen hat.

Nicht weit von Seekamp hat man ihn zur letzten Ruh getragen,
und würdevoll ist dort sein Grab, im schönen Dän'schenhagen.

Den Grabstein ziert sein Konterfei, doch ist er nicht allein,
in seiner Näh ruht Julius Fürst, auch er hat hier den Stein.

Vereint sind nun zwei Maler, die sich der Kunst verschrieben,
zu fragen wäre noch, „was ist davon geblieben?"
Zwar gibt es Wege hier und da, die ihre Namen nennen,
doch schöner wäre es gewiss, man würd die Werke kennen.

Gut Seekamp atmet noch den Geist, den Olde hier einst schuf,
ein andrer Künstler sorgte bald für Seekamps guten Ruf.
Was Olde auf die Leinwand brachte, Hans Kock schlug es aus Stein,
der braune Wallach Meteor soll dafür Sinnbild sein.

Geh ich durch den Skulpturenpark dann kommt mir in den Sinn,
dass Stein und Leinwand sich verband, bereits schon am Beginn.
Hans Oldes Freund hieß Adolf Brütt, auch er schuf Kunst aus Stein,
so hat vollendet sich der Kreis, die Kunst wird immer sein.

Vita brevis ars longa!

(Das Leben ist kurz, die Kunst ist lang!)

Muko Cup Lied
(Melodie: Auf auf zum fröhlichen Jagen)

Auf auf nach Dänischenhagen,
auf auf zum Muko Cup,
bei uns wird an fünf Tagen,
das Fußball Fieber nicht knapp.
Wir heißen euch willkommen,
wer immer ihr auch seid,
ein jeder wird genommen,
wir stehn für euch bereit.

Auf auf nach Dänischenhagen,
auf auf zum Muko Cup,
auch gibt´s was für den Magen,
bei uns wird jeder satt.
Und abends in der Disco,
kommt dann ein andrer Schritt,
und schmerzt das Bein vom Fußball,
dann humpelt einfach mit.

Auf auf nach Dänischenhagen,
auf auf zum Muko Cup,
man muss so manches wagen,
bis den Pokal man hat.

Und gibt´s Elfmeterschießen,
der Ball geht knapp vorbei,
das muss euch nicht verdrießen,
was zählt – ihr ward dabei.

Auf auf nach Dänischenhagen,
auf auf zum Muko Cup,
was bleibt ist noch zu fragen,
bringt das die Heilung auf Trab?
Das tut es ganz gewiss nicht,
weil heilen gar nicht geht,
heraus ragt zuversichtlich,
die Solidarität!

Die Dän'schenhagener Mühlen
(Melodie: Es klappert die Mühle)

In Dänischenhagen ne Mühle einst stand – klipp klapp
Die Straße hat man nach der Mühle benannt – klipp klapp
Die Mühle ist heute zwar nicht mehr zu sehn,
nur ein Mühlenrad siehst du am Straßenrand stehn – klipp klapp ...

Nicht jeder durft mahlen, es dauerte lang – klipp klapp
Es herrschte im Ort noch ein Mühlenzwang – klipp klapp
So gab's eine Mühle für jeden Bereich,
und wenn alles stimmte, so mahlte man gleich – klipp klapp ...

Die Rossmühle war schon ein ganz tolles Ding – klipp klapp
Weil an einem Göbel ein Pferdchen einst ging – klipp klapp
Sie stand so gelassen am Kirchenstraß Eck,
und Grütze und Graupen die quetschte sie weg – klipp klapp ...

Um Körner zu mahlen, da braucht man viel Wind – klipp klapp
Doch gab es auch Mühlen wo Wasser nur rinnt – klipp klapp
Die Seekamper Mühle, die brauchte kein Ross,
sie lief schon wenn Wasser aufs Wasserrad floss – klipp klapp ...

Erste Strophe noch einmal....

Rentner: Abgebrannt im Ruhestand

Du verlässt den Arbeitsknast,
wenn du mit Arbeit „fertig hast".
Und warst du Kaufmann oder Klempner,
ab sofort nennt man dich Rentner.
Doch wer den Antrag nicht gestellt,
bekommt vom Staat auch jetzt kein Geld.

Der Staat behielt ein gutes Stück,
von deinem Lohn für sich zurück.
„Das spar ich doch für deine Rente,
ich zahl dir später Alimente!
Du musst es mir nur jetzt schon borgen,
ich werde später für dich sorgen!"

Der Mensch, der dies hört, denkt dann froh,
dem Staat, dem glaub ich sowieso.
Denn der ist doch kein Ungetüm,
wie sagte schon der Norbert Blüm,
die Rente kommt, das ist versprochen,
kann sein, er hat von sich gesprochen.

So manchem wird es bang und bänger,
die Arbeitszeit wird immer länger.

Der Renteneintritt voller List,
ist, wenn du 67 bist.
Das Leben währet 70 Jahr,
das macht uns schon die Bibel klar.
Zieht man die 67 ab,
dann ist man in 3 Jahrn im Grab.

Herr Zetsche hört die frohe Kunde,
5.000 Euro gibt's – pro Stunde.
900 Euro für Frau Müller,
ist irgendwie nicht ganz der Knüller.
Und die gibt's auch pro Monat nur,
von froher Kunde keine Spur.

Sie tat für die Familie leben,
da kommt man eben nicht zum Kleben.
Dabei kann sie noch glücklich sein,
denn ihre Rente ist nicht klein.
Der Durchschnitt nennt ein andres Ziel,
zum Leben nichts, zum Sterben viel.

Heut ist die Lebenshaltung teuer,
und jetzt kommt noch die Rentnersteuer.
Das ist doch eigentlich verrückt,
stets hast du Steuern abgedrückt.
Warn sie schon früher eine Qual,
jetzt zahlst du diesen Scheiß noch mal.

Zum Schluss kommt noch die größte Ente,
ihr ahnt es schon: Die Riesterrente!
Du zahlst so manchen Euro ein,
im Alter geht es dir dann fein.
Wer das glaubt, ist schon morgens klamm,
und glaubt noch an den Weihnachtsmann.

Denn hast du dir was angespart,
und hast für später es verwahrt.
So fängt sofort beim Untertan,
der Staat das Gegenrechnen an.
 So manchen Euro er dir nimmt,
die Altersarmut kommt bestimmt.

Die Rente ist, wenn ich's bedenk,
für Arbeitnehmer kein Geschenk.
Man hat dem Staat sie anvertraut,
die Rücklage wird so gebaut.
So haben wir in unsrem Leben,
dem Staat die Rente schon gegeben.
Da müssen wir, ganz ohne Fragen,
dafür nicht auch noch Danke sagen!

Rentner werden ist nicht schwer,
Rentner sein dagegen sehr.

Eine Geistergeschichte aus Dänischenhagen

Wer Dänischenhagen über die Mühlenstraße Richtung Altenholz verlässt, wird recht bald den auf der linken Seite liegenden Golfplatz von Gut Uhlenhorst bemerken. Der aufmerksame Zeitgenosse wird weiter mehrere mit Bäumen bestandene Erdhügel entdecken, bei denen es sich um Hünengräber oder genauer um Großsteingräber aus der Jungstein- oder Bronzezeit handelt. Möglicherweise als Orientierungshilfe hatte die Bevölkerung den Hügeln Namen gegeben. So findet man neben einem „Lustberg", einen „Kuhberg" und eben jenen Hügel, den man „Judenberg" nannte.

Der 1841 in Dänischenhagen geborene Maler und Grafiker Julius Fürst, der um die Bedeutung der Hügel wusste, zeichnete 1895 die zwei Grabanlagen, von denen ich erzählen möchte. Genau genommen ist für die Geschichte nur der rechts auf dem Fürst Bild abgebildete Hügel von Bedeutung; aber der hat es im wahrsten Sinne des Wortes in sich.

Ich hatte zufällig in der „Zeitschrift für Schleswig-Holsteinische Geschichte" von 1943 den Aufsatz eines Historikers namens Dr. Harry Schmidt über „Das Judengrab bei Dänischenhagen und der Kieler Advokat Schiff" gelesen, und da ich nun mal ein neugieriger Mensch bin (allerdings nur auf die Historie bezogen), begann ich das zu tun, was ich beruflich mein Leben lang getan habe, zu recherchieren. Im Mittelpunkt der Recherche stand der Mann, der auf den etwas seltsamen Namen Meyer Isaak Schiff hörte und natürlich das Judengrab. Zwar war mir die Erzählung „Das Judengrab" von Ricarda Huch bekannt, aber Huchs Geschichte spielte „in Jeddam am Flüsschen Melk" und nicht in Dänischenhagen.

Der Jurist Meyer Isaak Schiff, der, unschwer von seinem Namen abzuleiten, jüdischen Glaubens war, wurde 1783 in Altona geboren. Er besuchte von 1799 bis 1802 das Christianeum daselbst und schloss seine Schulbildung mit dem Abitur ab. Schiff studierte anschließend erfolgreich an der Kieler Christian-Albrechts-Universität Rechtswissenschaft und durfte sich (trotz seines jüdischen Glaubens, der ihm erhebliche Einschränkungen auferlegte) „Untergerichtsadvokat" nennen.

Der Advokat Schiff spezialisierte sich auf die Verwaltung von Gütern, von denen es im Dänischen Wohld eine stattliche Anzahl gab und die damit verbundene Vermögensverwaltung. Er war recht bald ein gefragter „Gutsverwalter" und Ratgeber von Gutsbesitzern. Die Schwierigkeiten aber, denen Schiff aufgrund seines Judentums bei den zuständigen Behörden ausgesetzt war, können hier nicht einmal ansatzweise wiedergegeben werden, so vielschichtig waren sie. Trotzdem avancierte Schiff zum Obergerichtsadvokat in Kiel und war als solcher anerkannter Jurist. Auch die Ehe mit der dem christlichen Glauben anhängenden Marie Sophie Friederike Schwers, die im Jahre 1818 geschlossen wurde, sah sich andauernden Hindernissen ausgesetzt. So musste die Trauung im privaten Rahmen erfolgen und etwaige Kinder hätten nur im evangelisch-lutherischen Glauben erzogen werden dürfen. Schiff war außerordentlich erfolgreich und gehörte schon bald zu den vermögendsten Männern in Kiel. Schiff besaß mehrere Häuser in Kiel, die allerdings heute nicht mehr vorhanden sind. Er war Mitglied in den bedeutendsten gesellschaftlichen Vereinigungen (so war er z.B. Mitbegründer der 1833 gegründeten „Gesellschaft für Schleswig-Holsteinische Geschichte") und spendete einen guten Teil seines Vermögens an Bedürftige. Das

Schicksal meinte es aber nicht gut mit Schiff. Ab etwa 1830 verfiel er, zunächst nur in Schüben, dann aber zunehmend, in geistige Umnachtung und die Eheleute sahen sich aus diesem Grunde gezwungen, rechtzeitig eine Begräbnisstätte zu finden. Auch diesmal waren sie massiven Widerständen ausgesetzt. Das Begräbnis auf einem christlichen Friedhof wurde rundweg abgelehnt und in Kiel gab es zu der Zeit noch keinen jüdischen Friedhof auf den man hätte ausweichen können. Jetzt kamen Schiff die Beziehungen zu den Gutsbesitzern zugute. Der Gutsbesitzer Friderici von Gut Uhlenhorst bot dem befreundeten Schiff an, sich für eine „private Begräbnisstätte" auf seinem Gut zu entscheiden. Was lag da näher, als ein schon vorhandenes Grab zu wählen, das ohnedies auf dem Boden des Gute lag. Dieser „private Begräbnisort" wurde auch von den zuständigen Behörden genehmigt. Meyer Isaac Schiff starb am 9. Juli 1847 und wurde, wie verabredet, auf der abgeflachten Spitze eines Hünengrabes auf Gut Uhlenhorst beigesetzt. Auch seine Witwe Maria Sophia Friederica Schiff, geb. Schwers, die am 26. April 1856 72jährig starb, wurde neben ihrem Mann bestattet. Schon bald wurde dieser Hügel von der Bevölkerung „Judenberg" genannt. Dies umso mehr, als bedingt durch den Antisemitismus der Nationalsozialisten dem „Judenbegriff" eine besonders negative Bedeutung beigemessen wurde. Da die Ehe der Schiffs kinderlos geblieben und auch sonst keine Nachfahren bekannt waren, verfiel die Grabstätte, die ursprünglich mit einem schmiedeeisernen Gitter und einer Grabplatte versehen war, zusehends. Aber das wäre bei jüdischen Gräbern nicht unüblich, weil die Gräber nicht eingeebnet werden und bestehen bleiben. Die dauerhafte Totenruhe gilt als verbindlich und steht einer begrenzten Ruhefrist entgegen. Nach 1945 wollte man nun möglichst den Judenbegriff vermeiden und so verschwand der „Judenberg" aus dem kollektiven Gedächtnis der Bevölkerung. So war die Situation, die ich vorfand.

Da es nicht ungefährlich ist, während des laufenden „Golfbetriebes" das Gelände des Golfclubs zu betreten, trieb mich mein Forscherdrang und natürlich meine Neugierde eines Abends zum „Judenberg". Von Golfern und fliegenden Bällen war nichts mehr zu sehen. Ich überquerte einen schmalen Fairway des Golfplatzes und vor mir erhob sich der besagte „Judenberg" (um evtl. Süddeutsche Leser nicht zu verschrekken, muss man wohl eher von einem Hügel sprechen, dessen Höhe sich allerdings von außen wegen des dichten Eichenbaumbewuchses nur vage abzeichnete). Das dichte Unterholz und die Dornen krallten sich in meine Hosenbeine als wollten sie mich davon abhalten, den Hügel zu erklimmen. Auch war der Hügel steiler als vermutet. Tote Äste und verfilztes Gras hatten sich der Meinung von Unterholz und Dornen angeschlossen und nur mit Mühe kam ich vorwärts. Endlich stand ich auf dem höchsten Punkt des „Judenberges" – ich bleibe mal bei der Bezeichnung – und konnte durch den Blätterflor vage den Golfplatz erblicken. Sonst war auf dem „Gipfel" nichts zu sehen. Hatte nicht Harry Schmidt geschrieben, dass das Grab auf der höchsten Stelle des Berges sein sollte? Von einem Grab war jedenfalls nichts zu entdecken – geschweige denn von der gitterartigen Grabeinfriedung aus Eisen, die Schmidt neben der Steintafel 1937 noch gesehen haben wollte.

Doch halt! Der Boden, just an der höchsten Stelle, wies eine Vertiefung von ungefähr 20 Zentimetern auf. Durch den Wildwuchs nur undeutlich, aber deutlich genug war der Boden soweit abgesenkt, dass zwei Särge in diese Vertiefung gepasst hätten. Ich hatte des Öfteren auf Friedhöfen beobachtet, dass, wenn das Holz des Sarges verfault ist, dieser zusammenbricht und sich der Boden dann entsprechend des Sargvolumens senkt. Sollte dies hier der Fall sein? Hatte ich das Judengrab gefunden? Die Entdeckung fesselte mich so, dass ich nicht mehr auf die Zeit achtete und die Dunkelheit des fortgeschrittenen Jahres mit Macht hereinbrach. Ich trug zum Glück mein Smartphone bei mir, das mit einer Taschenlampe ausgerüstet war und sich nun als ausgesprochen nützlich erwies. Nicht vorbereitet war ich allerdings auf das Geräusch, das nun an mein Ohr drang und mir das Blut in den Adern gefrieren ließ:

Ganz deutlich hatte ich einen Menschen seufzen gehört. Nun war dies aber gänzlich unmöglich. Wer sollte um diese Zeit so dumm wie ein neugieriger „Forscher" sein und einen Hügel besteigen, der seit hunderten von Jahren dasteht und bestimmt auch bei Tageslicht hätte betreten werden können. Aber es gab keinen Zweifel, das aus tiefster Seele seufzende Geschöpf war da. Da ich ein Stück den Hügel hinabgestiegen war, hob sich der „Gipfel" gegen den zwar nur schemenhaft wahrnehmbaren Horizont ab, aber es gab keinen Zweifel – dort war jemand. Nun gehöre ich zwar nicht zu den Menschen, die vor ihrem eigenen Schatten davonlaufen, aber da mir die Geschichte des „Judenberges" bekannt war, hatte ich natürlich ganz andere Bilder im Kopf. Ich nahm alles zusammen was man gemeinhin „Mut" nennt und versuchte ein zaghaftes „Hallo, ist da wer?" Wieder erklang dieses unheimliche Seufzen, nur war es diesmal von einer unendlichen Traurigkeit.

Woher ich die Courage nahm zum Gipfel zurückzukehren, kann ich eigentlich nicht sagen, aber ich tat es, weil mir recht besehen gar nichts anderes übrigblieb. Eine dunkle Gestalt saß am Rande der von mir vorher festgestellten Vertiefung und ich trat mit wackligen Knien auf die unheimliche Gestalt zu. Im Lichte der Taschenlampe sah ich einen Mann, dessen Gesicht von einem breitkrempigen Hut bedeckt war und der einen langen schwarzen Rock trug. Ich hatte schon mehrfach (in entsprechenden TV Sendungen) orthodoxe Juden gesehen, und dieser war zweifellos wie ein solcher gekleidet. „Entschuldigen Sie", sagte ich mit leicht zittriger Stimme, „habe ich das Vergnügen mit dem Herrn Advokaten Schiff?" Mein Gegenüber hob den Kopf und ich vermeinte ein Nicken zu sehen. „Ich bitte um Vergebung", hörte ich mich sagen, „aber ich habe viel über Sie gelesen und wollte feststellen, ob das, was man über Sie schreibt, der Wahrheit entspricht". Mein Gegenüber schwieg. „Sie sollen segensreich für ihre Mitmenschen gewirkt haben, so jedenfalls wird berichtet." Zum ersten Mal hob der Geist – so will ich ihn nennen – die Stimme. Aber was für eine Stimme war das. Sie schien aus der tiefsten Tiefe der Erde zu kommen.

„Ich habe mich gegen meinen Glauben versündigt und muss dafür büßen. Ich habe den Sabbat nicht geheiligt und damit gegen die Gebote Gottes verstoßen. Ich habe mein Judentum verleugnet." Dies alles klang so verzweifelt, dass meine Angst in Mitleid umschlug. Meine Stimme klang jetzt merklich fester: „Herr Schiff, ist denn die formale Einhaltung von Vorschriften wichtiger als die Liebe, die Sie für Ihre Frau hatten, sind die unstreitigen Taten, die Sie für die Mitmenschen geleistet haben, nicht höher zu bewerten, als Vorschriften die aus Ihrem Glauben erwachsen?" Die kaum hörbare Antwort war keine Überraschung für mich. „Meine Frau ist Christin, auch dies eine Sünde wider meinen Glauben." Meine Stimme klang jetzt beinahe wie immer: „Sünde gegen wen? Wer sind Sie, dass Sie glauben, Gottes Urteil darüber zu kennen." Mein Gegenüber schwieg, aber das mir unerträgliche Seufzen war verstummt. Auch ich schwieg. Ich fühlte, dass eine Veränderung der Situation eingetreten war. Nach einer, wie ich meine, unendlichen Zeit, erhob sich der Geist. „Ich weiß nicht, ob Sie recht haben, aber ich habe genug Zeit, darüber nachzudenken." Dieser Satz war wie hingehaucht, aber deshalb nicht weniger gut zu verstehen.

Die Taschenlampe meines Smartphones war zunehmend schwächer geworden. Als ich sie noch einmal auf den Geist richten wollte, musste ich feststellen, dass ich alleine war. Ich weiß noch nicht einmal, ob ich mich darüber erleichtert fühlen sollte. Mit dem, was von dem Restlicht des Smartphones noch da war, kletterte ich vorsichtig den Hügel hinab. Bald schon hatte ich die Mühlenstraße erreicht und war wieder in der mir vertrauten Welt. Nachdenklich lenkte ich meine Schritte dem Orte zu.

Habe ich in diesem kurzen Bericht alles wiedergegeben, was zwischen mir und dem Geist gesprochen wurde? Vielleicht. Aber ich bin noch so manches Mal auf dem „Judenberg" gewesen; den Geist aber habe ich nie wiedergesehen. Dabei bin ich mir sicher: Er ist noch da.

Adolf Brütt und die Grabstele von Hans Olde

Zunächst sei festgestellt, dass der Jahrgang 1855 ein ganz besonderer gewesen sein muss. Insbesondere dann, wenn man den Fokus auf Wissenschaft und Kulturschaffende richtet. So wurden beispielsweise Ludwig Ganghofer oder Leopold von Kalckreuth in diesem bemerkenswerten Jahr geboren. Für uns in Schleswig-Holstein sind allerdings andere 1855er wichtig: Ferdinand Tönnies (Begründer der Soziologie 26.7.1855), Ludwig Nissen (Stifter des „Nissen-Hauses" in Husum 2.12.1855), Hans Olde (Maler 27.4.1855) und Adolf Brütt (Bildhauer 10.5.1855). Um die zwei Letztgenannten geht es in diesem kleinen Text.

Der in Süderau / Holstein geborene Johannes (genannt Hans) Wilhelm Olde war das älteste Kind des Landwirtes Joachim Wilhelm Olde und seiner Frau Auguste, geb. Wriedt. Er hatte drei jüngere Schwestern (Anna, Lila und Minna). Im Jahre 1865 übernahm der Vater das Gut Seekamp bei Kiel, um seiner unter einer Nervenkrankheit leidenden Ehefrau eine ruhige, ländliche Umgebung zu bieten. Drei Jahre später wurde Hans Olde auf das Kieler Realgymnasium umgeschult. Hier saß er neben einem Knaben namens Adolf Brütt.

Adolf Carl Johannes Brütt wurde in Husum geboren. Sein Vater Barthold Friedrich Brütt hatte sich auf die Porzellanmalerei verlegt und die in Rendsburg geborene Marie Wilhelmine Friederike Andresen geheiratet. Brütt hatte zwei jüngere Geschwister (Willy und Mimi). Wegen einer Brandkatastrophe in Husum verlegte die Familie ihren Wohnsitz über Odensee auf der Insel Fünen 1858 nach Kiel. Hier besuchte er das Kieler Realgymnasium und saß neben einem Knaben namens Hans Olde.

Die Beiden freundeten sich an und diese Freundschaft hielt lebenslang. Aus Hans Olde wurde einer der führenden Freilichtmaler seiner Zeit. Der eigentliche Durchbruch zur allgemeinen Anerkennung als Künstler aber gelang Olde mit seiner Radierung des Porträts von „Friedrich Nietzsche auf dem Krankenlager". Diese Radierung hat das Nietzsche-Bild bis heute geprägt.

Adolf Brütt wurde einer der berühmtesten Bildhauer seiner Zeit. Am bekanntesten sind wohl der Tine Brunnen und das Storm Denkmal in Husum. Aber auch das Bismarck-Denkmal auf dem Aschberg, das Esmarch-Denkmal in Tönning, die Schwerttänzerin, der Schwertträger und das Kaiser Wilhelm I. Denkmal in Kiel gehören dazu. Wer einen „echten" Brütt hat, kann sich ähnlich glücklich schätzen wie die Humboldt-Universität in Berlin, in deren Ehrenhof vor dem Hauptgebäude das von Brütt geschaffene Theodor-Mommsen-Denkmal steht.

Jetzt kommt's: Auch Dänischenhagen hat einen echten Brütt! So wie Hans Olde seinen Freund Adolf Brütt mehrfach gemalt hatte, fertigte auch Brütt 1915 eine Büste von Hans Olde an. Einen letzten Freundschaftsdienst konnte Adolf Brütt seinem Hans Olde 1930 erweisen. Hans Olde starb am 25. Oktober 1917 in Kassel. Er wurde nach Dänischenhagen überführt und auf dem wunderschönen Friedhof in Dänischenhagen beigesetzt. Für das Grab von Olde fertigte der Freund um 1930 eine Grabstele aus Muschelkalk an, die auch heute noch dort zu besichtigen ist. Auf dieser Stele mit einem runden Abschluss ist im Zentrum des Halbrunds das von

Lorbeer gerahmte Reliefporträt von Hans Olde zu sehen. Neben den Olde Daten sind weitere Daten von Familienangehörigen auf der Stele zu lesen.

Adolf Brütt, der am 6. November 1939 in Bad Berka in Thüringen starb, hat also auch in unserem Ort ein Werk hinterlassen, das es verdient, gehegt und gepflegt zu werden.

Die Brackwasser Braut
(Melodie: Fahr mich in die Ferne ...)

Am Jasmunder Bodden ein Mägdelein stand,
ein blonder Rüganer hielt sie bei der Hand.
Ich kann hier nicht bleiben, das Wasser ist brack
und auch die Rüganer gehn mir auf den Sack.

Fahr mich in den Norden nach Dänischenhagen,
nur dort – möcht ich leben an sämtlichen Tagen.
Und glaub bitte nur nicht, dass dich jemand verkohlt,
es wäre so herrlich, dort im Dänischen Wohld.

Der blonde Rüganer im Denken nicht groß,
schnell holt er sein Moped und schon fahrn sie los.
Er fuhr in den Bodden, er war nicht auf Zack,
und so merkten Beide, das Wasser ist brack!

Fahr mich in den Norden nach Dänischenhagen,
wie konnt ich – die Fahrt blos, mit son Dösbaddel wagen?
Jetzt liegen wir Beide, hier im Brackwasser rum,
verzeih Dän'schenhagen, das ich heut noch nicht kumm.

Der Jasmunder Bodden liegt still da und schweigt,
was ham die Rüganer nicht schon alles vergeigt.
Im Jasmunder Bodden so geht ein Gedicht,
ein blonder Rüganer tut grad seine Pflicht.

Fahr mich in den Norden nach Dänischenhagen,
dafür – würd ich zu gerne Rügen entsagen.
Doch hat ein Rüganer, mir die Chose versaut,
ich bleib nun für ewig seine Brackwasser Braut.

Eigentlich ist das Lied hier zu Ende. Traurig, aber wahr.
Trotzdem möchte ich denen Rechnung tragen, die sich
das Ende der Zwei dramatischer gewünscht hätten.

Voilà, hier die Alternativen:

Variante 1

Fahr mich in den Norden nach Dänischenhagen,
dafür – würd ich zu gerne Rügen entsagen.
Der Bodden war friedlich, gab das Mägdelein frei,
nur den blonden Rüganer holte der Weiße Hai.

Variante 2

Fahr mich in den Norden nach Dänischenhagen,
dafür – würd ich zu gerne Rügen entsagen.
Der blonde Rüganer überlebt ziemlich cool,
doch das ist kein Wunder,
der Rüganer war schwul.

Variante 3

Fahr mich in den Norden nach Dänischenhagen,
dafür – würd ich zu gerne Rügen entsagen.
Wie durch ein Wunder, schafften sie es hierher,
der blonde Rüganer wird jetzt Bürger-mei-ster!

Alles Märchen

Man sagt zwar, Märchen wären nur für Kinder; aber, wenn das so ist, dann nehme ich für mich das Kindsein in Anspruch. Ich kenne nämlich ganz genau 234 Märchen beinahe auswendig.

Allerdings gebe ich eine Schwäche zu: Ich bringe die Märchen manchmal durcheinander, so dass ich bis zum „und wenn sie nicht gestorben sind" leider den Faden verliere. Das wird mich aber nicht im Geringsten daran hindern, weiter Märchen zu erzählen.

Also beginnen wir doch „klassisch": Es war einmal ...

Es war einmal ein König, der hatte eine schöne Tochter. Diese spielte für ihr Leben gern mit einem Frosch, den ihr die Mutter zum Vatertag geschenkt hatte. Als der Frosch eines Tages in den Brunnen fiel, sprach in Bremen die Katze zu dem Hahn: „Etwas Besseres als den Tod werden wir überall finden!" Das hörte eine Räuberbande, die in einem Knusperhäuschen wohnte, das Sindbad der Seefahrer gerade freigemacht hatte. Der Räuberhauptmann hieß Hänsel, der tagsüber in einem Käfig saß. Als er die hässliche Alte in den Ofen schob, sang ein Kinderchor „wenn ich abends schlafen geh, hab ich manche Schnapsidee". Die

Kinder hatten dafür einen Goldklumpen bekommen, den sie für einen Esel tauschten. Wenn man den Schwanz des Esels hob, dann deckte der sofort den Tisch. Aber auch der Tisch hatte ein Geheimnis. Er sah aus wie ein gestiefelter Kater und benahm sich auch sonst sehr menschlich. So ließ er beispielsweise nach dem Zauberspruch „Rapunzel, Rapunzel schenk mir deine Funzel" sein Haar herunterfallen, so dass man auf ihn klettern konnte. Außerdem trug er spät abends Zauberpantoffeln. Wenn man sich schnell auf den Hacken

drehte, dann bekamen die Leute lange Nasen und die Hälse schrumpften – aber sie konnten danach wunderbar kochen. Als nun Zwerg Nase in den Spiegel schaute, antwortete der Wolf: „Spieglein, Spieglein, ihr solltet nicht ohne euer rotes Käppchen in den Wald gehen. Außerdem müsst ihr sämtlichen Großmüttern Kuchen und Wein bringen." Da stach sich Rotkäppchen mit der Spindel in den Finger und musste fortan Rosen züchten. Das hatte ein ferner Prinz gehört und kaufte sich gleich 7 auf einen Streich. Da hatte er aber die Rechnung ohne Frau Holle gemacht, die ihn ohne Zögern ausschüttelte bis es schneite.

Während Schneewittchen sich 7 Zwerge angelacht hatte, geschah es nun, dass Schneeweisschen und Rosenrot auszogen, das Fürchten zu lernen. Ihnen begegnete aber nur ein Strohhalm und ein Stück glühende Kohle, die mit einem Pfannkuchen den Weg entlang kantaperten. Merkwürdigerweise spielten diese lustigen Gesellen mit einem Riesenspielzeug wobei sie sangen: „Heute back ich, morgen brau ich, ach wie gut, dass niemand weiß, dass ich Rumpelheinzchen stieß." Da die Zahl 7 im Märchen häufig vorkommt, war es ein Glücksfall, dass auch die Geißlein nicht grundsätzlich dieser Sitte widersprachen. Während diese noch den Wolf gegen jede Tierschutzverordnung mit Wackersteinen füllten, der

Jäger eine Großmutter inklusive Enkelin aus einem Problemwolf entfernten, gelang es dem Königssohn die fertigen Brote aus dem Backofen zu entfernen, was Frau Holle zu der Bemerkung veranlasste, dass sich Rapunzel ja nicht einmal bemüht hätte und darum mit Pech besudelt hätte werden müssen. Ja, es wäre nachgerade schade, dass sie ausgerechnet heute mit 40 Räubern Sesam öffnen müsse und Ali Baba ihr beständig einen Schuh anprobieren wolle – nur, weil sie einmal als Aushilfspuddel auf einem Ball war und ihr der nämliche Schuh durch die Lappen gegangen war.

Ähnlich tragisch verlief auch die Geschichte einer juvenilen Scheinselbständigen, die in der dänischen Metropole versucht hatte, analoge Kleinheizgeräte vermittels eines Hemdchens, das sich als unvorteilhafte Arbeitskleidung entpuppte, sogenannte Sterntaler einzuhandeln und aufgrund dieser für die Jahreszeit zu dünnen Kleidung sich eine finale Influenza aneignete. Nicht im Entferntesten hätte z.B. eine ebenfalls aus dem nördlichen Raum stammende kleine Meerjungfrau, der, wenn sie trotz besseren Wissens leichtfertig mit der Wahrheit hantierte, die Holznase einen kräftigen Wachstumsschub zeitigte, eine ähnliche Handelskette wie die leichtfertig gewandete Pyromanin aufbauen wollen – sie blieb kontemplativ auf einem der Reichsmetropole vorgelagerten Felsen hocken, den sie sich mit einem grüngewandeten Jungen namens Pan teilen musste. Dieser hatte mit einem Herrn einen Händel, der als Seeräuber seinen Namen aus seiner Behinderung – einem Haken – herleitete. Da der Jäger den wenig waidgerechten Auftrag der bösen Königin, die Leber einer ganzjährig geschützten bei den bereits erwähnten 7 Kleinherren wohnenden Elevin, zu besorgen, ablehnte, badete dieser nach der Erlegung eines in die Jahre gekommenen Drachens in dessen Blut, um, wie er glaubhaft mitteilte, mal so richtig zu planschen, um abends mit Gulliver, der als Reisender des Öfteren die Schöne und das Biest aufsuchte, mal so richtig sein kaltes Herz auszuschütten. Da es, wie üblich, an Königshöfen Gesottenes und Gebratenes gab und so mancher klebende Schwan verzehrt und auch Hase und Igel, insbesondere nach sportlichen Leistungen, nicht verschmäht wurden, ist im Grunde genommen die Märchenwelt ein einziges Kochstudio, das allerdings manchmal der Korrektur eines Christian Rachs bedarf. Damit sind wir wieder bei der Rap-Formation aus Bremen angelangt, die nach der Erledigung einer Gruppe von Kleinkriminellen ihre uneingeschränkte Autonomie herstellen konnte und, wenn sie nicht gestorben, sind auch heute noch ihrem für manche gewöhnungsbedürftigen Sprechgesang anhängen.

    Ja, so geht zu in der Welt. Da läuft eine Maus, wer sie fängt kann sich eine Mütze daraus machen – d.h. wenn sie nicht gestorben ist – heut, äähh!

Die Skatspieler

Und also lautet ein Zitat,
hast du zwei Freunde, spiele Skat.
Skat dient nicht nur der Unterhaltung,
es sorgt auch für die Hirn Entfaltung.
Doch bist du grad im Rechnen flau,
dann lass den Skat und spiel Mau-Mau.

Die Atmosphäre hat beim Skat,
den denkbar höchsten Wirkungsgrad.
Drum spielt man Skat gern in ner Schänke,
dort sind die nötigen Getränke.
Doch ist nur eines schrecklich dumm,
es wimmelt dort von Publikum.

Und Tipps kann man nur schwer ertragen,
der Kiebitz wird sofort erschlagen.
Drum folge meinem guten Rat,
spiel lieber gleich zu Hause Skat.
So wie zum Beispiel diese Drei,
ihr Raum ist völlig kiebitzfrei.

So dreschen zünftig sie den Skat,
vermisst wird da bestimmt kein Rat.
Ein jeder saugt am Pfeifenrohr,
und stößt ein Wölkchen dann hervor.
Vor jedem steht ein volles Glas,
und goldgelb leuchtet hell das Nass.

Nur eins vergaß ich noch zu sagen,
die Drei, sie sind aus Dän'schenhagen.
Sie heißen Albrecht, Fürst und Rixen,
und brauchen nicht beim Skat zu tricksen.
Die Lampe spendet warmes Licht,
viel mehr braucht man beim Skat spieln nicht.

Der Künstler, der dies Bild einst schuf,
der machte Malen zum Beruf.
Sein Name ist bei uns bekannt,
ne Straße wurd nach ihm benannt.
Die drei habn Julius Fürst ertragen,
er wurd als Kiebitz nicht erschlagen.

Geisterstunde

Die Turmuhr schlägt die Mitternacht,
die Totengilde ist erwacht.
Und auf dem Friedhof geht die Kunde,
man trifft sich hier zur Geisterstunde.

Doch heute wird es gruslig sein,
die Tagesordnung ist gemein.
Denn wie soll man zu dieser Stunde,
verkünden diese schlimme Kunde.

Der Uhu heult grad fürchterlich,
der Präsident, er räuspert sich.
„Ihr Toten, gebt doch einmal acht,
was euer Präsident gedacht."

„Der Mitgliedsbeitrag ist zu klein,
bis heute kam kein Euro rein.
Wie sollen wir hier lustig tanzen,
bei diesem Zustand der Finanzen."

„Auch will uns niemand etwas borgen,
der Totenchor hat Nachwuchssorgen.
Und auch die Tombola ist klamm,
wer will schon meinen alten Kamm."

Da bricht ein Stöhnen sich vom Zaum,
der Uhu ist längst abgehauen.
Und dumpf, doch noch verständlich klar,
spricht einer, der mal Lehrer war:

„Herr Präsident, was führen Sie im Schilde,
was wird aus unsrer Totengilde.
Auch wird es Sie nicht überraschen,
das letzte Hemd hat keine Taschen."

Da muss der Präsident laut lachen,
„Tja Tote, da ist nichts zu machen.
Ich schlage vor wir gehn jetzt ruhn,
im Augenblick ist nichts zu tun."

Die Turmuhr schlägt die nächste Stunde,
zu Ende ist auch diese Runde.
Der Vorhang fällt, man ist betroffen,
das Ende ist ergebnisoffen.

Schön ist's in Dänischenhagen
(Melodie: Wie schön blüht uns der Maien ...)

Schön ist's in Dänischenhagen, wo ich so gerne bin.
Woanders ist es anders und macht auch keinen Sinn.
Ein jeder braucht ein Plätzchen, zu dem er sich bekennt,
der Ort schenkt mir Vertrauen, hier fühl ich mich nicht fremd.

Schön ist's in Dänischenhagen, hier fühle ich mich frei.
Hier wohnen meine Freunde, hier bin ich gern dabei.
Und bin ich in der Fremde, so denke ich doch bloß,
ich bin ganz gerne bei euch, doch lieber führ ich los.

Schön ist's in Dänischenhagen, so mancher merkt es spät,
Erst wenn er von hier gehn muss, und wenn der Wind sich dreht.
Erst wenn du es verloren, was selbstverständlich war,
dann wirst du es begreifen, was deine Heimat war.

Schön ist's in Dänischenhagen, der Satz fällt mir nicht schwer,
wer gern nach hier gekommen, entdeckt noch sehr viel mehr.
Es ist doch diese Mischung, von Menschen und vom Land,
lass deine Seele baumeln, und fühl dich hier entspannt.

Schön ist's in Dänischenhagen, doch wer das nicht erkennt,
Kann noch so lang hier wohnen, er bleibt für immer fremd.

Epilog

Zu Ende ist des Buches Breite,
denn dieses ist die letzte Seite.
Bis hierhin hast Du es geschafft,
und hoffentlich den Text gerafft.
Was uns bleibt, ist Dir fein zu danken,
Du könntest jetzt ein Bierchen tanken.

B.C. und U.C.